MUJERES

DOMINIQUE ENRIGHT

MUJERES

Las mejores citas y frases

Amat Editorial

Título original en inglés: *The Wicked Wit of Women*
Autora: *Dominique Enright*
Traducido por: *Isabel Murillo*
Diseño de cubierta: *Jordi Xicart*

© 2000, 2003 Michael O'Mara Books Limited
© para la edición en lengua castellana: Editorial Amat, S.L., Barcelona, 2004
ISBN: 84-9735-138-X
Depósito legal: B-22.612-2004
Fotocomposición: Text Gràfic
Impreso por Talleres Gráficos Vigor, S.A. - Sant Feliu de Llobregat (Barcelona)
Impreso en España — *Printed in Spain*

Índice

Introducción

«UNA MUJER PREDICANDO es como un perro caminando sobre sus patas traseras. No lo hace bien: pero resulta sorprendente ver que lo haga.» Un comentario del gran doctor Johnson, un hombre inteligente que tenía muchas mujeres amigas con las que compartía conversaciones intelectuales, refleja una actitud que ha prevalecido entre las personas que han reunido la mayoría de antologías de citas, en las que es posible encontrar al menos diez citas de hombres por cada cita de mujer, algo que resulta sorprendente, pues las mujeres nunca han gozado precisamente de la reputación de hablar poco o nada.

Muchos grandes novelistas, por ejemplo, son mujeres (algunas, incluso, admiradas y animadas por Samuel Johnson) y escribieron frases que merecen citarse. Pero mucho antes de la época de Johnson, hubo en todo el mundo numerosas mujeres escritoras reconocidas, sin mencionar a mujeres que fueron grandes eruditas, guerreras o reinas, de las que aparecen aquí sólo unas pocas. Está Hipatia, filósofa y escritora griega del siglo IV, además de astrónoma, matemática y líder de la escuela neoplatónica de Alejandría, que fue asesinada por los cristianos contrarios a su racionalismo científico. Del Japón del siglo X tenemos a Sei Shonagon, que sirvió en la corte imperial y cuyos cuadernos incluyen un detallado relato de la vida en ese país, y Murasaki Shikibu, acreditada como la autora de *La historia de Genji*, sobre la vida y los amores del príncipe Genji.

Gran Bretaña posee una buena cantidad de mujeres cuyas palabras pueden citarse: Boudicea, la intrépida reina de los Iceni, que insultó a sus guerreros para que entraran en acción contra los romanos:

«Y en cuanto a vosotros, hombres, podéis, si así lo deseáis, vivir y ser esclavos». U otra formidable reina, Isabel I, quien contraatacó la oposición con severidad: «Os acortaré por la cabeza». Ya no existen famosas como Susannah Centlivre (1669-1723), reconocida por el papa Alejandro, pero de la que apenas se habla hoy, que tenía algo de verdad de lo que quejarse: «La criticona malicia del mundo vulgar, que considera prueba de sentido común el desagrado hacia cualquier cosa que esté escrita por mujeres.»

Hay las mujeres conocidas con nombres masculinos: George Sand (Amandine-Aurore Lucille Dupin, baronesa de Dudevant, 1804-76), George Eliot (Mary Ann Evans, 1819-90), Isak Dinesen (Karen Blixen, 1885-1962), Miles Franlklin (Stella Maria Sarah Miles Franklin, 1879-1954). Hay mujeres famosas por la moda (Coco Chanel, Elizabeth Arden); por aparecer en la gran pantalla (Hedy Lamarr, Louise Brooks, Jean Harlow), por cantar (Nellie Melba), bailar (Anna Pavlova), por ser representadas en el cine (como la estadounidense Helen Keller, la chica ciega y sorda de la película *La trabajadora milagrosa*, posteriormente escritora y académica), o por una muerte temprana provocada por un accidente con un pañuelo de cuello (Isadora Duncan).

Y luego están las esposas de los famosos... a una de las esposas de Picasso no le gustaban claramente sus mujeres cubistas; «¿Por qué no escribes libros que la gente pueda leer?, se queja Nora Joyce a su esposo; Catherine Blake refunfuña porque nunca ve a su marido, el poeta visionario William Blake; y la señora Gladstone no teme comentarle al primer ministro que resulta bastante aburrido...

Este libro incluye una selección de las frases más inteligentes y perversas pronunciadas por mujeres desde el siglo VI antes de Cristo hasta la década de los cincuenta del siglo XX; desde el lejano Oriente, Japón, hasta Estados Unidos, símbolo de Occidente. Se trata de inteligentes frases sobre la vida o el amor, perversos comentarios sobre las amistades o sobre determinadas figuras públicas, pasando por ingeniosos conceptos sobre la política o la sociedad... Exceptuando una tendencia a subrayar la no superioridad de los hombres («Incluso su ignorancia es de una calidad destacada», subraya irónicamente Georges Eliot en referencia a los machos de las especies; y el curioso comentario que un hombre podría considerar «malicioso», el de Barbara Stanwyck respecto a una naciente estrella del cine: «Su cuerpo se le ha subido a la cabeza») hay pocos detalles que apunten que se trata de citas de mujeres. Como destacó la escritora norteamericana Charlotte Perkins Gilman: «La mentalidad femenina no existe. El cerebro no es un órgano sexual. Es como hablar del hígado femenino.»

Independientemente del tenedor que se utilice

Modales y costumbres

La cortesía no cuesta nada y lo compra todo.

LADY MARY WORTLEY MONTAGU (1689-1762)

La compañía incesante es tan mala como el confinamiento solitario.

VIRGINIA WOOLF (1882-1941)

La gente importante nunca realiza visitas largas.

MARIANNE MOORE (1887-1972), 1935

No quiero que la gente sea muy agradable ya que de este modo me ahorro el problema de tener que gustar mucho.

JANE AUSTEN (1775-1817)

La atención detallada a la propiedad detiene el crecimiento de la virtud.

MARY WOLLSTONECRAFT GODWIN (1759-97)

Es de mal gusto abrumar con lisonjas insípidas a todas las mujeres que conocemos, sin distinción de edad, rango o mérito. Puede, de hecho, satisfacer a algunas cabezas ligeras y frívolas, pero disgusta a la mujer con sentido común.

MADAME CELNART (1796-1865)

El tacto es, al fin y al cabo, una especie de lectura mental.

Sarah Orne Jewett (1849-1909)

La tragedia de la cocina inglesa es que la cocina «sencilla» no puede confiarse a cocineros «sencillos».

Condesa Morphy (Marcelle Azra Forbes), 1935

Nada es tan delicado como la reputación de una mujer; es a la vez la más bella y la más frágil de todas las cosas humanas.

Jane Welsh Carlyle (1801-66)

Nada es tan delicado como la reputación de una mujer; es a la vez
la más bella y la más frágil de todas las cosas humanas.

El buen gusto es el peor vicio que se ha inventado.

Edith Sitwell (1887-1964)

Hasta que no pierdes la reputación, no te das cuenta de la carga que suponía o de lo que en verdad es la libertad.

Margaret Mitchell (1900-49)

Los modales consisten en tener una conciencia sensitiva de los sentimientos de los demás. Quien posee esta conciencia, tiene buenos modales, independientemente del tenedor que utilice.

Emily Post (1873-1960)

A las personas así las invitamos a tomar el té, pero no nos casamos con ellas.

Lady Chetwode, sobre su futuro yerno
John Betjeman, 1932

Llamé para pedir hielo, pero *esto* es ridículo.

Madeline Talmage Astor (?-1945),
mientras la socorrían sobre la barandilla del *Titanic*,
abril 1912

Los ingleses nunca rompen la cara a nadie. Simplemente se abstienen de invitarles a cenar.

Margaret Halsey (1910-97), 1938

Aquí no hay absolutamente nada más que hacer que mirar y comer. Imagínese el resultado si no me gusta lo que hay que ver.

Zelda Zitzgerald (1900-48)

El deseo de contar una buena historia

Chismes y mentiras

Las conversaciones no existen. Son una ilusión. Son monólogos que se interseccionan, eso es todo.

REBECCA WEST (1892-1983), 1935

Bendito sea el hombre que, sino tiene nada que decir, se abstiene de entregar pruebas de los hechos.

GEORGE ELIOT
(Mary Ann Evans, 1819-90)

Los rumores nunca se retrasan.

HROSWITHA DE GANDERSHEIM (h. 935-1000)

¿Habéis oído hablar de su terrible familia,
y de las cosas horrorosas y venenosas que dicen?
¿Por qué la mitad de los cotilleos que se producen bajo el Sol,
de seguirles la pista, descubriríamos que empiezan
en su espantosa casa?

ELLA WHEELER WILCOX (1855-1919)

Los rumores tienden maliciosamente a magnificar.

FANNY BURNEY
(Frances, madame d'Arblay, 1752-1840)

Bette y yo somos muy buenas amigas. No le diría nada a la cara... a ninguna de sus dos caras.

TALLULAH BANKHEAD (1903-68) sobre Bette Davis,
después de filmar *Eva al desnudo* (estrenada en 1950)
en la que ambas eran protagonistas.

... pocas son las personas en las que la discreción es más fuerte que el deseo de explicar una buena historia.

MURASAKI SHIKIBU (974-?1031)

Su misma franqueza es una falsedad. De hecho, parece más falsa que su falta de sinceridad.

KATHERINE MANSFIELD (1888-1923)
sobre su marido, John Middleton Murry

Nadie es tan tonto como para perder el tiempo en la conversación disparatada de un atajo de mujeres.

LADY HESTER STANHOPE (1776-1839)

Cuando la ira se extienda por tu pecho, vigila que tu lengua no ladre malignamente.

SAFO (siglos VII-VI a.C.)

Si no explicas la verdad sobre ti mismo, no puedes explicarla sobre los demás.

VIRGINIA WOOLF (1882-1941)

Nadie dice la verdad cuando hay algo que debe retener.

ELIZABETH BOWEN (1899-1973), 1935

Si te resulta muy doloroso criticar a tus amigos, puedes hacerlo. Pero si con ello sientes placer, aunque sea mínimo... ha llegado el momento de que te calles.

ALICE DUER MILLER (1874-1942)

En toda visita formal, los niños deberían estar presentes en la reunión para asegurarse su porvenir en la disertación.

JANE AUSTEN (1775-1817)

No escucharé a la razón. La razón significa siempre que otro tiene algo más que decir.

ELIZABETH GASKELL (1810-65)

Hoy he pronunciado una palabra que nunca debería salir de los labios de una dama y fue que llamé a John «perra insolente».

MARJORY FLEMING (1803-11)

No lo hagas en la calle y asustes a los caballos

Amor y sexo

No importa lo que hagas en el dormitorio mientras no lo hagas en la calle y asustes a los caballos.

SEÑORA PATRICK CAMPBELL (Beatrice Stella)
(1865-1940)

Si todas las chicas asistentes se acostaran con todos y cada uno... no estaría en absoluto sorprendida.

DOROTHY PARKER (1893-1967),
refiriéndose al baile de gala de Yale, 1934 (atribuido)

La inteligencia en las mujeres puede tener malas consecuencias; como una espada sin vaina, hiere a quien la porta y provoca a los agresores. Siento decir que, en términos generales, las mujeres que destacan por su inteligencia fallan en castidad.

ELIZABETH MONTAGU (1720-1800)

Cuando un hombre seduce a una mujer, el resultado debería, pienso, recibir el nombre de «matrimonio zurdo».

MARY WOLLSTONECRAFT GODWIN (1759-97)

No existen mojigatos más redomados que aquellos que tienen algún secretillo que esconder.

GEORGE SAND (Amandine-Aurore Lucille Dupin,
baronesa Dudevant, 1804-76)

Todos mis amantes han sido genios; es en lo único que insisto.

ISADORA DUNCAN (1878-1927)

La brevedad es el alma de la lencería, tal y como las Enaguas le dijeron a la Blusa.

DOROTHY PARKER (1893-1967), 1916

El peor pecado, quizás el único pecado, que puede cometer la pasión, es la falta de alegría.

DOROTHY L. SAYERS (1893-1957), 1936

El amor deja de ser un placer cuando deja de ser un secreto.

APHRA BEHN (1640-89)

He oído hablar mucho de amantes consumidos por el amor, pero todavía no he visto a ninguno de ellos morir de eso.

MARGARITA DE NAVARRA (Marguerite d'Angouleme, reina de Navarra, 1492-1549)

En el orden de las cosas, está bien
que el hombre deba escuchar a su pareja cuando canta;
pero aún está por aparecer el verdadero varón
a quien le guste escuchar a su pareja cuando habla.

ANNA WICKHAM (1884-1947)

Araña a un amante y encontrarás a un enemigo.

DOROTHY PARKER (1893-1967), 1936

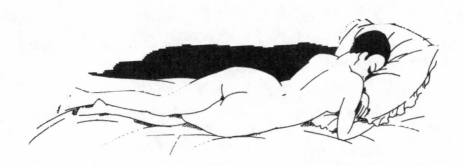

Lo que más odio es su falta

Dinero

Debo decir que odio el dinero, aunque lo que más odio es su falta.

KATHERINE MANSFIELD (1888-1923)

Márchate: la pobreza llega.

APHRA BEHN (1640-89)

Hay gente con dinero y hay gente rica.

COCO CHANEL (Gabrielle Bonheur, 1883-1971)

La adversidad es solitaria, mientras que la prosperidad habita entre la multitud.

MARGUERITE DE VALOIS (1553-1615)

La prosperidad rara vez elige el bando de los virtuosos.

ELOISA (1098-1164)

He conocido a muchos que convierten su oro en humo, pero tú eres el primero que convierte el humo en oro.

ISABEL I (1533-1603) A SIR WALTER RALEGH

... el dinero desmoraliza incluso al donante.

MARCELINE DESBORDES-VALMORE (1768-1859)

Nada derrite el corazón de una mujer como lo hace el oro.

SUSANNAH CENTLIVRE (h. 1669-1723)

Renuncia a la agonía, renuncia al estilo,
a menos que tengas constantemente dinero contigo.

JULIA A. MOORE (1847-1920)

Si no tuviéramos invierno, la primavera no resultaría tan agradable; si no saboreásemos la adversidad de vez en cuando, la prosperidad no sería tan bienvenida.

ANNE BRADSTREET (h. 1612-72)

Los yanquis (me refiero a los normales) calculan su generosidad y simpatía tan metódicamente como sus ingresos; y gastar cualquiera de esas cosas en un objeto no rentable o que no lo valga, no sería una locura, sino una perversidad.

SARAH JOSEPHA HALE (1788-1879)

✻✿❀✿✻

... nunca se ha oído una conversación entre americanos en la que ninguno no pronuncie la palabra «**dólar**».

FRANCES TROLLOPE (1780-1863)

✻✿❀✿✻

Disponer de unos buenos ingresos es la mejor receta que conozco para la felicidad. Asegura, sin duda alguna, la parte más importante del tema.

JANE AUSTEN (1775-1817)

¿Pobreza? ¿Riqueza? No busques ninguna...
la una infla cabezas,
la otra, barrigas.

KASSIA (siglo IX a.C.)

Quiero ser rica, pero no quiero hacer todo lo que se tiene que hacer para llegar a rica.

GERTRUDE STEIN (1874-1946);
la señorita Stein era «bastante» rica

Cuanto más tiempo vivo, más soy de la opinión de que amontonar riquezas no sirve para nada.

Françoise d'Aubigné, MADAME DE MAINTENON
(1635-1719), institutriz de los hijos de Luis XIV;
se casó con él después de la muerte de la reina

Los negocios son el dinero de los demás.

DELPHINE DE GIRARDIN (1804-55)

El dinero determina toda la vida, tanto política como privada.

GERMAINE NECKER,
MADAME DE STAËL (1766-1817)

La gente protesta prácticamente igual no teniendo nada que teniendo poco.

IVY COMPTON-BURNETT (1884-1969), 1939

Un altar mayor en marcha

El aspecto

Esa hambre perpetua de belleza y esa sed de ser amada es la verdadera maldición de Eva.

JEAN RHYS (h. 1890-1979), 1927

La naturaleza te da la cara que tienes a los veinte años; de ti depende la cara que tengas a los cincuenta.

COCO CHANEL
(GABRIELLE BONHEUR, 1883-1971)

Un altar mayor en marcha.

ELIZABETH BOEWN (1899-1973),
sobre el aspecto de Edith Sitwell

Parece que tengas un sarpullido, querida, esos colores no le sientan muy bien a tu cara.

DAISY ASHFORD (1881-1972)

Un exterior sucio es un gran enemigo para todo tipo de belleza.

MARY MARTHA SHERWOOD (1775-1851)

La vanidad, igual que el asesinato, acabará revelándose.

HANNAH COWLEY (1743-1809)

Esta inglesa es tan refinada
que no tiene ni pechera ni trasero.

STEVIE SMITH (1902-71), 1937

Mientras no albergaba ninguna esperanza de ascender en el rango
de la belleza, su única oportunidad era bajar a las demás a su nivel.

EMILY EDEN (1797-1869)

~ 38 ~

La sensación de ir bien vestida otorga una tranquilidad interna que la religión es incapaz de ofrecer.

C. F. FORBES (1817-1911)

Su cuerpo se le ha subido a la cabeza.

BARBARA STANWYCK (1907-1990),
sobre una estrella de cine en alza.

¿Dónde está el hombre capaz de aliviar un corazón como lo haría un vestido de seda?

DOROTHY PARKER (1893-1967), 1927

Leer, escribir, o pensar, o preguntar nublaría nuestra belleza...

ANNE FINCH (1661-h. 1722)

La felicidad está en tu poder, la belleza no; y poner en ella un valor excesivamente elevado sólo sería perdonable en una mentalidad débil y frívola.

FANNY BURNEY
(Frances, madame d'Arblay, 1752-1840)

La belleza perdura solamente mientras pueda ser vista; gracias a Dios, los bellos de hoy seguirán siéndolo mañana.

SAFO (siglos VII-VI a.C.)

Siempre había considerado mi belleza como una maldición, porque por ella me veían como una prostituta en lugar de como una actriz. Ahora, al menos, comprendo que mi belleza era una bendición. Lo que era una maldición era no saber cómo comercializarla.

LOUISE BROOKS (1906-85)

Cuando una mujer observa a un hombre vestido de gala, a veces no puede evitar preguntarse por qué desea proclamar al mundo su ascendencia vistiendo una chaqueta con cola larga.

HELEN ROWLAND (1875-1950)

Si se pusiera de moda ir desnudo, apenas nadie miraría las caras.

LADY MARY WORTLEY MONTAGU (1689-1762)

«¡Santo cielo! –dijo él– si fueran sólo nuestras prendas lo que nos diera un lugar en la sociedad, en qué alta estima tendríamos a aquellos que las producen.»

MARIE VON EBNER-ESCHENBACH (1830-1916)

El hombre tiene un aspecto apagado, terrenal y melancólico, la cara de color leonado y la barbilla boscosa, mientras que nuestras cálidas y suaves mejillas son la auténtica representación de un delicioso jardín de rosas y lilas.

MARY TATTLEWELL (cita de 1640)

Hace ahora once años que vi mi imagen en un espejo, y el último reflejo que vi fue tan desagradable, que decidí evitar mortificarme en el futuro.

Lady Mary Wortley Montagu (1689-1762)

Entregaría alegremente la mitad de la inteligencia que me acredita a cambio de la mitad de la belleza que tú posees.

Germaine Necker, madame de Staël
(1766-1817) a Juliette Récamier

Había muy pocas bellezas, y las que había no eran preciosas... la señora Blount era la única más admirada. Tenía exactamente el mismo aspecto que en septiembre, la misma cara ancha, diadema de diamantes, zapatos blancos, marido coloradote y cuello grueso.

Jane Austen (1775-1817)

Una cara poco atractiva y un tipo poco agraciado han conducido a muchas mujeres hacia el cielo.

Minna Antrim (1861-1950)

Resulta sorprendente que las mujeres se concentren en su aspecto en lugar de hacerlo en lo que tienen en la cabeza ya que, para empezar, no es que allí tengan mucho.

MARY SHELLEY (1797-1851)

La belleza, con toda la ayuda del Arte, no dura mucho; cuanto más se la ayuda, antes decae.

MARY ASTELL (1688-1731)

Un cambio
de lo más agradable

La edad

La fruta capaz de caer sin sacudirla es demasiado madura para mí.

LADY MARY WORTLEY MONTAGU (1689-1762)

Los años que la mujer se resta de su edad no están perdidos. Se suman a los años de otras mujeres.

DIANE DE POITIERS (1499-1566)

Nos hacemos viejas tan pronto como dejamos de amar y confiar.

LOUISE-HONORÉ DE CHOISEUL (1734-1801)

No estoy interesada en la edad. La gente que me dice su edad es tonta. Uno tiene la edad que siente tener.

ELIZABETH ARDEN (h. 1880-1966)

Uno de los signos de que la juventud pasa es una sensación de compañerismo con los demás seres humanos que va adquiriéndose a medida que vamos ocupando nuestro lugar entre ellos.

VIRGINIA WOOLF (1882-1941)

Una de las muchas cosas que nadie te explica sobre la madurez es el cambio tan agradable que resulta con respecto a la juventud.

DOROTHY CANFIELD FISHER
(1879-1958)

Cuando envejecemos, ni mejoramos ni empeoramos, sino que somos más nosotros mismos.

MAY LAMBERTON BECKER (1873-1958)

Seguimos olvidándonos de que somos mayores hasta que estamos al borde de la tumba.

(Sidonie-Gabrielle) COLETTE (1873-1954)

Siempre tenemos la misma edad interior.

GERTRUDE STEIN (1874-1946)

Durante la juventud, aprendemos; con la edad, comprendemos.

MARIE VON EBNER-ESCHENBACH (1830-1916)

La juventud es la época de obtener; la madurez, la de mejorar; y la vejez, la de gastar.

ANNE BRADSTREET (h. 1612-72)

Si la juventud es la estación de la esperanza, a menudo lo es sólo en el sentido de que nuestros mayores tienen esperanzas depositadas en nosotros.

GEORGE ELIOT (Mary Ann Evans, 1819-90)

Una mujer tiene la edad que se merece.

COCO CHANEL (Gabrielle Bonheur, 1883-1971)

Cuando nos preparamos para la vejez con una vida noble, lo que se produce no es el declive, sino los primeros días de la inmortalidad.

Germaine Necker, MADAME DE STAËL
(1766-1817)

Resulta tan cómico sentirse llamada vieja, ¡incluso a los noventa, me imagino!

ALICE JAMES (1848-92)

Los ojos del joven tienen muy buena vista, pero normalmente no ven con tanta profundidad como los del anciano.

ISABEL I (1533-1603)

Me niego a admitir que tengo más de cincuenta y dos años, aunque con ello convierta a mis hijos en ilegítimos.

NANCY, LADY ASTOR (1879-1964)

Envejecemos más debido a la indolencia que a la edad.

CRISTINA, REINA DE SUECIA (1626-89)

A buen seguro, el premio de consolación que tiene la edad es descubrir que existen muy pocas cosas por las que merezca la pena preocuparse, y que mucho de lo que en su día deseamos, ya no lo queremos para nada.

DOROTHY DIX (1861-1951)

Puedes seguir siendo joven mientras seas capaz de aprender, adquirir nuevas costumbres y sufrir contradicciones.

MARIE VON EBNER-ESCHENBACH (1830-1916)

Muchos jóvenes son verdaderos instrumentos, pero no de resonancia.

ELIZABETH BOWEN (1899-1973), 1938

Somos el pasado del mañana.

MARY WEBB (1881-1927)

Un interés sincero

Política y políticos

He cambiado mis ministros, pero no he cambiado mis medidas. Sigo creyendo en la moderación y gobernaré de acorde con ella.

REINA ANA (1665-1714)
a un nuevo ministro Tory.

El Congreso... esos gacetilleros analfabetos (en su mayor parte) cuyos elegantes ropajes están manchados de salsa y cuyos discursos, hipócritas, untuosos y chapuceros, están también manchados con la salsa del patronazgo político.

MARY MCCARTHY (1912-89), 1946

Orgulloso Prelado, sabes lo que eras antes de que yo te convirtiera en lo que ahora eres. Si no acatas mi solicitud, te secularizaré, por Dios.

ISABEL I (1533-1603)
al doctor RICHARD COX

Se acercan elecciones. Se declara la paz universal y los zorros muestran un interés sincero por prolongar la vida de las aves de corral.

GEORGE ELIOT
(Mary Ann Evans, 1819-90)

Las controversias políticas nunca se inician por un deseo de adquirir conocimiento, sino sólo por conseguir un triunfo para el partido.

SARAH JOSEPHA HALE (1788-1879)

Una de las principales reglas de la vida política es no perder nunca los estribos delante de la prensa o del público.

CHRISTABEL PANKHURST (1880-1958)

La libertad es única y exclusivamente libertad para aquel que piensa de forma diferente.

ROSA LUXEMBURG (1871-1919)

¡Oh libertad! ¡Oh libertad! Cuántos crímenes se han cometido en tu nombre.

JEANNE-MARIE, MADAME ROLAND (1754-93);
sus últimas palabras antes de ser guillotinada
por oponerse a Robespierre y Danton

Una sociedad en la que es necesario estimular artificialmente el consumo para mantener la producción es una sociedad fundada en la basura y el desperdicio, y una sociedad así es como una casa construida sobre la arena.

DOROTHY L. SAYERS (1893-1957), 1947

Si la política americana es tan sucia como para que las mujeres tomen parte en ella, entonces algo va mal en la política americana.

EDNA FERMBER (1887-1968)

Seré una autócrata: ése es mi trato. Y el buen Dios me perdonará: ése es el suyo.

CATALINA LA GRANDE,
emperatriz de RUSIA (1729-96)

... el poder arbitrario es, como la mayoría de las cosas que son muy duras, muy susceptible de romperse.

ABIGAIL ADAMS (1744-1888)

Os acortaré por la cabeza.

ISABEL I (1533-1603) a los líderes
de su consejo cuando se opusieron
a su política sobre María, reina de los escoceses.

La historia está ocupada con nosotros.

MARIE-ANTOINETTE, reina consorte de Francia
(Josèphe Jeanne Marie-Antoinette, 1755-93),
al tribunal revolucionario.

La autoridad sin sabiduría es como un hacha pesada sin filo, más adecuada para dar golpes que para bruñir.

ANNE BRADSTREET (h. 1612-72)

Mentir es una ocupación
utilizada por todos aquellos que pretenden subir;
los políticos no deben su puesto
más que a mentiras bien concertadas.

Laetitia Pilkington (1712-50)

El objetivo de la política es la religión, la moralidad y la poesía,
todo en uno.

Germaine Necker, Madame de Staël
(1766-1817)

El pecho femenino no se ha hecho para imponerle órdenes.

«Geneviève», 1850.

No existe influencia alguna que convierta tan rápidamente al radical en reaccionario que ser elegido para el poder.

Elisabeth Marbury (1856-1933)

La moralidad debe guiar los cálculos, y éstos deben guiar la política.

Germaine Necker,
Madame de Staël (1766-1817)

Pero la política envenena la mente.

MARCELINE DESBORDES-VALMORE (1786-1859)

Bien, te he conseguido la presidencia... ¿qué vas a hacer con ella?

FLORENCE HARDING (1860-1924) a su esposo,
Warren G. Harding, presidente de Estados Unidos

Bien, señor Baldwin, ¡en buen berenjenal nos hemos metido!

REINA MARY (1867-1953) al primer ministro
ante la abdicación de su hijo, Eduardo VIII, 1936

Me habló como si yo fuera un encuentro casual.

REINA VICTORIA (1819-1901)
sobre William Ewart Gladstone

Si no fueras un hombre tan importante, serías un pelmazo impresionante.

SEÑORA GLADSTONE
a su esposo William Ewart Gladstone

... dos tercios sensiblería y un tercio Eleanor (su esposa).

ALICE ROOSEVELT LONGWORTH (1884-1980),
sobre su primo lejano, el presidente
de Estados Unidos Franklin D. Roosevelt

Posee una mente brillante hasta que la pone en marcha.

MARGOT ASQUITH (condesa de Oxford y Asquith,
1864-1945) sobre sir Stafford Cripps

Parece como si lo hubieran metido en adobo.

ALICE ROOSEVELT LONGWORTH (1884-1980)
sobre el presidente de Estados Unidos Calvin Coolidge

¿Cómo pueden saberlo?

DOROTHY PARKER (1893-1967) al enterarse de que
el presidente de Estados Unidos, Calvin Coolidge,
había muerto, 1933

Es muy inteligente, pero a veces se le sube el cerebro a la cabeza.

MARGOT ASQUITH (condesa de Oxford
y Asquith, 1865-1945) sobre F. E. Smith

Mataría a su propia madre con tal de hacer un tambor con su piel
con el que poder predicar sus propias alabanzas.

MARGOT ASQUITH (condesa de Oxford
y Asquith, 1865-1945) sobre Winston Churchill

Ese tipo
de patriotismo

Guerra y paz

Ese tipo de patriotismo que consiste en odiar a todas las demás naciones.

ELIZABETH GASKELL (1810-65)

Antes de una guerra, la ciencia militar parece una verdadera ciencia, como la astronomía; pero después de una guerra, se parece más bien a la astrología.

REBECCA WEST (1892-1983)

La herejía de una época se convierte en la ortodoxia de la siguiente.

HELEN KELLER (1880-1968)

La providencia está siempre del bando de los grandes batallones.

Marie de Rabutin-Chantal,
MADAME DE SÉVIGNÉ (1626-96)

Es mejor morir de pie que vivir de rodillas.

DOLORES IBARRURI, «LA PASIONARIA»
(1895-1989), 1936

El género humano no está dispuesto a observar con detalle la conducta de los grandes vencedores cuando su victoria es la del bando correcto.

GEORGE ELIOT (Mary Ann Evans, 1819-90)

No han querido la *paz* para nada; lo que han querido es ahorrarse la guerra... como si la ausencia de guerra fuese lo mismo que la paz.

DOROTHY THOMPSON (1894-1961)

Los monarcas deberían condenar a muerte a los autores e instigadores de la guerra, por ser sus propios enemigos y un peligro para sus estados.

ISABEL I (1533-1603)

Incluso el bien político llevado a sus extremos puede ser productor del mal.

MARY WOLLSTONECRAFT GODWIN (1759-97)

No quiero la paz que haga desaparecer el entendimiento, quiero el entendimiento que traiga la paz.

HELEN KELLER (1880-1968)

Las posibilidades de derrota no nos interesan; no existen.

Reina Victoria (1819-1901)

Estando donde estoy, viendo a Dios y a la eternidad, me doy cuenta de que el patriotismo no es suficiente. No debo sentir odio ni amargura hacia nadie.

Edith Cavell (1865-1915),
antes de ser ejecutada por los alemanes
falsamente inculpada de espionaje.

Rezad, buena gente, sed educados. Soy la puta protestante.

Nell Gwynne (1650-87), cuando, durante la oleada de terrorismo papista de 1681, su carruaje se vio rodeado por una rabiosa muchedumbre anticatólica que pensaba que era otra de las amantes de Carlos II, Louise de Kéroualle, «la puta católica», a quien el rey convirtió en duquesa de Portsmouth.

La gente que habla de paz es a menudo la más guerrera.

Nancy, lady Astor (1879-1964)

Un espacio
donde no hay nadie

Lugares

No está en el temperamento de esa gente dar o recibir.

FRANCES TROLLOPE (1780-1863) sobre los norteamericanos.

Canadá sólo me sirve como suministro de pieles.

Jeanne Antoinette Poisson,
MADAME DE POMPADOUR (1721-64)

En Estados Unidos hay más espacio donde no hay nadie, que espacio en el que hay alguien. Esto es lo que convierte América en lo que es.

GERTRUDE STEIN (1874-1946)

Estados Unidos es... un aviso, más que un ejemplo para el mundo.

LYDIA MARIA CHILD (1802-1880)

Estados Unidos es mi país y París mi patria.

GERTRUDE STEIN (1874-1946)

Qué pena que cuando Cristóbal Colon descubrió América tuviera que mencionarlo.

MARGOT ASQUITH
(condesa de Oxford y Asquith, 1864-1945)

Nueva York... la ciudad no natural en la que todos se sienten exiliados, y quienes más, los americanos.

CHARLOTTE PERKINS GILMAN (1860-1935)

Existe poco peligro de morirse de hambre en nuestra tierra de abundancia (Estados Unidos); aunque el peligro de sufrir un atracón es inminente.

SARAH JOSEPHA HALE (1788-1879)

Soy un producto americano.
Aquí he visto mucho odio... mucho que perdonar,
pero en un mundo donde Inglaterra está acabada y muerta,
no deseo vivir.

Alice Duer Miller (1874-1942)

En pos
de la cultura

Las artes

¡Así que vas a Australia! En mi gira allí gané veinte mil libras pero, naturalmente, *eso* nunca volverá a suceder... ¡Lo único que puedo decirte es que les cantes porquerías! ¡Es todo lo que entienden!

Nellie Melba (1861-1931) a Clara Butt

Si mi marido se encontrara algún día en la calle con una mujer que se pareciese a las mujeres de sus cuadros, caería muerto de un ataque.

Señora Pablo Picasso sobre el famoso pintor

Prefería ser un recuerdo brillante que una curiosidad.

Emma Eames (1865-1982), cantante de ópera
sobre su temprana jubilación a los cuarenta y siete años de edad.

Si el arte no extiende la solidaridad entre las simpatías de los hombres, entonces no sirve moralmente para nada.

GEORGE ELIOT (Mary Ann Evans, 1819-90)

✿❦✿

Una ley inalterable e incuestionable del mundo musical exigía que el texto alemán de las óperas francesas cantado por artistas suecos fuera traducido al italiano para que el público de habla inglesa lo comprendiera mejor.

EDITH WHARTON (1862-1937)

✿❦✿

La música no está escrita en rojo, blanco y azul. Está escrita con la sangre del corazón del compositor.

NELLIE MELBA (1861-1931)

✿❦✿

Si no hubiera empezado a pintar, me habría dedicado a criar pollos.

GRANDMA MOSES (1860-1961)

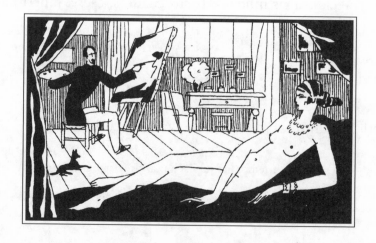

El señor Dalí, nacido delirante,
considera la seriedad como una locura.

PHYLLIS MCGINLEY (1905-78)

Oh, bien, tú tocas a Bach a *tu* manera. Yo lo tocaré a la suya.

WANDA LANDOWSKA (1877-1959), cita atribuida

Aquí hay menos de lo que puede ver el ojo.

TALLULAH BANKHEAD (1903-68)
comenta a Alexander Woollcot una representación
de *Aglavaine y Sélysette*, de Maeterlink, 1922

Pides mi opinión sobre tomar a tu servicio al joven músico de
Salzburgo. No sé dónde quieres meterlo, ya que creo que no nece-
sitas ningún compositor, ni otra gente inútil.

MARÍA TERESA, EMPERATRIZ DE AUSTRIA (1717-80),
a su hijo el archiduque Fernando de Austria,
sobre Mozart, de dieciséis años entonces.

¡Es beige! ¡Mi color!

ELSIE DEWOLFE (1865-1950)
al ver por primera vez la Acrópolis.

Los cuadros del señor Lewis parecen haber sido pintados con una mano dura dentro de un guante de algodón.

EDITH SITWELL (1887-1964) sobre Wyndham Lewis

La señora Ballinger es una de esas damas que van en bandada en pos de la cultura, como si fuese peligroso encontrarla a solas.

EDITH WHARTON (1862-1937)

Otro elemento inquietante del arte moderno es ese síntoma común de inmadurez, el pavor a hacer lo que antes ya se ha hecho.

EDITH WHARTON (1862-1937)

Cualquier hombre con dinero puede ganarse una reputación de tener buen gusto dedicándose, simplemente, a adquirir obras de arte.

SARAH JOSEPHA HALE (1788-1879)

Los pintores, los poetas y los arquitectos pretenden volar muy alto, pero debe mantenérseles en tierra.

SARAH, DUQUESA DE MARLBOROUGH (1660-1744)

Sea parco
con su prosa

Escritores y su obra

No existe distracción más barata que la lectura, ni placer tan duradero.

LADY MARY WORTLEY MONTAGU (1689-1762)

Podemos mentirnos a nosotros mismos, mentir al mundo, mentir a Dios incluso, pero no podemos mentir a nuestra pluma.

WILLA CATHER (1873-1947)

Supongo que soy una novelista nata, porque las cosas que me imagino me resultan más vitales y vívidas que las que recuerdo.

ELLEN GLASGLOW (1873-1945)

Repetimos de nuevo que no aceptaremos ninguna historia donde para el desenlace sea necesario que aparezcan caballos huyendo o barcos naufragando.

SARAH JOSEPHA HALE (1788-1879)

El inglés correcto es la jerga de los pedantes que escriben historia y ensayos. Y la mayor jerga de todas es la jerga de los poetas.

GEORGE ELIOT (MARY ANN EVANS, 1819-90)

Era un libro para matar el tiempo para aquellos que lo preferían muerto.

ROSE MACAULAY (1889-1958)

No se trata de una novela para dejar delicadamente de lado. Debería arrojarse lejos con todas las fuerzas.

DOROTHY PARKER (1893-1967) sobre la novela
Claudia Particella, l'amante del Cardinale: Grande Romanzo dei Tempi
del Cardinal Emanuel Madruzzo... de Benito Mussolini.

Los novelistas no deberían permitirse nunca cansarse de estudiar la vida real.

CHARLOTTE BRONTË (1816-55)

Si leo un libro que realmente me impresiona, tengo que imponerme disciplina firme antes de mezclarme con otra gente; de lo contrario pensarían que soy un poco rara.

ANNE FRANK (1929-45)

Todas las autobiografías son biografías con coartada.

CLARA BOOTHE LUCE (1903-87)

Si una mujer quiere escribir novelas necesita disponer de dinero y de una habitación propia.

VIRGINIA WOOLF (1882-1941)

La sátira debería, como una navaja bien afilada,
herir con una caricia que apenas se sienta o se vea.

LADY MARY WORTLEY MONTAGU
(1689-1762)

Pero resultará, a pesar de todo lo escrito,
que la atracción de una mujer no estriba en la escritura.

ANNE FINCH (1661-h. 1722)

Su poesía es bastante mala, rezo para que sea parco con su prosa.

ELIZABETH, LADY HOLLAND (1771-1845)
al poeta Samuel Rogers

La prosa de Virginia Woolf no es más que una forma atractiva de hacer calceta. Creo que debe esconder un patrón por algún lado.

EDITH SITWELL (1887-1964)

Ese viejo Yahoo George Moore... Sus historias me impresionaron tanto como comer gachas a cucharadas sobre un suelo sucio.

JANE BARLOW (1860-1917)

Cosas Muy Fastidiosas: Cuando un poema propio, que has permitido que otro utilice como suyo, es destacado y elogiado.

SEI SHONAGON (966/7-1013?)

El concepto que una persona estúpida tiene de una persona inteligente.

ELIZABETH BOWEN (1899-1973)
sobre Aldous Huxley, 1936.

Me parece el genio más vulgar que mayor efecto ha producido nunca sobre la literatura.

GEORGE ELIOT (Mary Ann Evans, 1819-90)
sobre Lord Byron.

Siento haber escuchado que piensa usted publicar un poema. ¿Podría cancelarlo?

ELIZABETH, LADY HOLLAND (1771-1845)
a lord Porchester

Además de Shakespeare y yo, ¿quién más crees que hay?

GERTRUDE STEIN (1874-1946)

Llega directamente a la sustancia del libro; le saca el corazón.

MARY KNOWLES (1733-1807)
sobre Samuel Johnson

De hecho, la libertad con la que el doctor Johnson condena cualquier cosa que desaprueba resulta asombrosa.

JANE WELSH CARLYLE (1801-66)

Él y yo no deberíamos estar en absoluto de acuerdo en cuanto a nuestros conceptos de novelas y heroínas; como bien sabes, las imágenes de perfección me ponen enferma y mala.

JANE AUSTEN (1775-1817) en una carta a su sobrina, Fanny Knight,
refiriéndose al antiguo pretendiente de Fanny, James Wildman.
Fanny le había prestado las novelas de su tía, que no fueron de su agrado.

Entonces, ¿por qué no la has traído contigo? Estaría encantada de conocerla.

EMERALD, LADY CUNARD a Somerset Maugham
cuando le dijo que estaba dejando de asistir a algún acto social
para «conservar su juventud».

El doctor tiene un don trascendental, cuando escribe cosas con sentido consigue que parezca que no lo tengan...

EDITH SITWELL (1887-1964)
sobre F. R. Leavis, 1934

El romance entre Margot Asquith y Margot Asquith sobrevivirá como una de las historias de amor más bellas de toda la literatura.

DOROTHY PARKER (1803-1667) sobre la autobiografía
en cuatro volúmenes de Margot Asquith

¿Por qué no escribes libros que la gente pueda leer?

NORA JOYCE (1884-1965) a su esposo, James Joyce

Qué sensación de superioridad proporciona escapar de la lectura de un libro que todo el mundo está leyendo.

> ALICE JAMES (1848-92), ¿pensando quizás
> en las novelas de su hermano, Henry James?

¿Oh, de verdad? ¿Qué está leyendo?

> EDITH EVANS (1888-1976) cuando le dijeron
> que Nancy Mitford le había pedido prestada
> la casa a un amigo para acabar un libro

Su ignorancia era un Empire State Building de la ignorancia. Tenías que admirarla por su tamaño.

> DOROTHY PARKER (1893-1967)
> sobre el editor del *New Yorker*, Harold Ross

Cuando eras pequeño, alguien debería haberte dicho «Cállate» de vez en cuando.

> SEÑORA CAMPBELL (Beatrice Stella)
> (1865-1940) a George Bernard Shaw

Mamá dice que era la más bonita, la más tonta, la mariposona más amanerada y cazadora de maridos que recuerda haber visto en su vida.

> MARY RUSSELL MITFORD (1787-1855)
> sobre Jane Austen, 1815

Pienso que debo jactarme de ser, con toda la vanidad posible, la mujer más ignorante y más poco instruida que se ha atrevido nunca a ser escritora.

JANE AUSTEN (1775-1817)

Una lista de nuestros autores más queridos y, por lo tanto, económicamente más acomodados, muestra que nuestra alegría nacional consiste en confundir los mejores con los más fecundos.

DOROTHY PARKER (1893-1967)

La vieja criada de los novelistas.

REBECCA WEST (1892-1983) sobre H. G. Wells...
con quien mantuvo un romance de diez años

La criticona malicia del mundo vulgar, que considera prueba de sentido común el desagrado hacia cualquier cosa que esté escrita por mujeres.

SUSANNAH CENTLIVRE (h. 1669-1723)

Un hombre sucio con la mirada enturbiada por el opio y el pelo como la cola de una rata.

LADY FREDERICK CAVENDISH
sobre Alfred, lord Tennyson

Me gustaría que sus personajes hablasen un poco menos, como los héroes y las heroínas de las novelas policíacas.

GEORGE ELIOT (Mary Ann Evans, 1819-90)
sobre Charlotte Brontë

Perpendicular, precisa y taciturna.

MARY RUSSELL MITFORD (1787-1855) sobre Jane Austen

Me aventuraría a suponer que Anónimo, que tantos poemas escribió sin firmarlos, era una mujer.

VIRGINIA WOOLF (1882-1941)

Incluso la rosa tiene espinas

Sobre mujeres e igualdad

Ha habido mujeres reinas durante mucho tiempo, pero el reino que se les ha dado no merece la pena ser gobernado.

LOUISA MAY ALCOTT (1832-88)

No existe mujer que sea todo dulzura; incluso la rosa tiene espinas.

JULIETTE RÉCAMIER (Jeanne Françoise Julie Adélaide Bernard, madame de Récamier, 1777-1849)

... las mujeres son los arquitectos de la sociedad.

HARRIET BEECHER STOWE (1811-96)

Las esperanzas de la mujer están tejidas con rayos de sol; una sombra las aniquila.

GEORGE ELIOT (MARY ANN EVANS, 1819-90)

Pienso que si las mujeres dieran más rienda suelta al vituperio, disfrutarían de una salud diez veces mejor de la que tienen.

ELIZABETH CADY STANTON (1815-1902)

Se debe elegir entre amar a las mujeres y conocerlas.

NINON (Anne) DE LENCLOS (1620-1705)

Me ayuda a reconciliarme con ser mujer el hecho de reflexionar y pensar que no corro peligro de casarme con ninguna.

LADY MARY WORTLEY MONTAGU (1689-1762)

El mayor y prácticamente único consuelo de ser mujer es que siempre se puede simular ser más estúpida de lo que en realidad se es y que nadie se sorprende por ello.

FREYA STARK (1893-1993)

Pero, ¿qué es una mujer? ... tan sólo una metedura de pata agradable de la Naturaleza.

HANNAH COWLEY (1743-1809)

La mentalidad femenina no existe. El cerebro no es un órgano sexual. Es como hablar del hígado femenino.

CHARLOTTE PERKINS GILMAN (1860-1935)

... el despecho es lo que hace que la mujer haga algo más que el amor...

MARGARITA DE NAVARRA (Marguerite d'Angoulême,
reina de Navarra, 1492-1549)

Muchas mujeres, que tienen un sentido de la gratitud escaso o nulo, tienen un sentido de los celos muy veloz.

ELIZA HAYWOOD (o Heywood, 1693-1756)

Cuando más fuertes son las mujeres es cuando se arman con sus debilidades.

MARIE-ANNE MARQUESA DE DEFFAND (1697-1780)

Ser mujer sólo me ha molestado a la hora de trepar por los árboles.

FRANCES PERKINS (1882-1965); fue la primera mujer
miembro de un gabinete presidencial de Estados Unidos

Quiere ser perfecta. Ése es su defecto... Que sea un ángel resulta vejatorio. Preferiría que fuese una mujer.

MARIE-ANNE, MARQUESA DE DEFFAND (1697-1780)
sobre madame de Choiseul

Hay que lamentarse mucho de que las damas inglesas deban permanecer siempre sentadas con urbanidad, cuando son capaces de llevar a cabo reformas; que deban dedicarse a entretener, cuando podrían instruir; y brillar durante una hora entera, cuando son candidatas para la eternidad.

HANNAH MORE (1745-1833)

Nunca he sido capaz de averiguar qué es exactamente el feminismo: lo único que sé es que la gente me llama feminista siempre que expreso sentimientos que me diferencian de un felpudo o de una prostituta.

REBECCA WEST (1892-1983)

La Reina está más que ansiosa por enrolar a cualquiera que sepa hablar o escribir en la tarea de verificar este loco y perverso disparate de los «Derechos de las Mujeres», con todos los horrores de sus responsables, bajo los que se ha inclinado su pobre sexo débil, olvidando cualquier sentido de sentimiento y propiedad femenina.

REINA VICTORIA (1819-1901)
en una carta a sir Theodore Martin, 1870

No les deseo que tengan poder sobre los hombres; sino sobre ellas mismas.

MARY WOLLSTONECRAFT GODWIN (1759-97)

Mujer, una flor agradable pero de corta vida,
demasiado suave para los negocios
y demasiado suave para el poder:
despreciada si es fea; si es buena, traicionada.

MARY LEAPOR (1722-46)

Las mujeres que más trabajan son las que menos dinero obtienen y las mujeres que tienen más dinero son las que menos trabajan.

CHARLOTTE PERKINS GILMAN (1860-1935)

No pido favores para mi sexo... Todo lo que pido a nuestros hermanos es que aparten sus pies de nuestros cuellos.

SARAH MOORE GRIMKÉ (1792-1873)

El descontento de la mujer aumenta en proporción exacta a su desarrollo.

ELIZABETH CADY STANTON (1815-1902)

Mientras las mujeres sean esclavas, los hombres serán bellacos.

HELEN ROWLAND (1875-1950)

Sostenemos que estas verdades son evidentes, que hombres y mujeres fueron creados como iguales.

ELIZABETH CADY STANTON (1815-1902)

Dios no nos habría dado los mismos talentos si lo que fuese bueno para los hombres fuese malo para las mujeres.

SARAH ORNE JEWETT (1849-1909)

Los hombres de cualquier edad con sentido común aborrecen estas costumbres de tratarnos sólo como los vasallos de su sexo.

ABIGAIL ADAMS (1744-1818)

¿Es necesario comprender que los principios de la Declaración de la Independencia no tienen nada qué ver con la mitad de la raza humana?

HARRIET MARTINEAU (1802-76)

Si las mujeres quieren derechos, mejor que se los tomen y no mencionen nada al respecto.

HARRIET BEECHER STOWE (1811-96)

No me siento sorprendida por lo que he hecho.

MARGARET KNIGHT, inventora del siglo XIX,
especialmente de maquinaria pesada,
respondiendo a los inevitables comentarios.

En aquellos días, las damas eran damas; no hacían nada por sí solas.

G<small>WEN</small> R<small>AVERAT</small> ·(1885-1957)

La virtud florece únicamente entre iguales.

M<small>ARY</small> W<small>OLLSTONECRAFT</small> G<small>ODWIN</small> (1759-97)

Siempre seguros
de cómo salirse de ello

Hombres

No existe hombre a quien su mayordomo considere un héroe.

ANNE-MARIE BIGOT DE CORNUEL (1605-94)

Loco, malo y peligroso de conocer.

LADY CAROLINE LAMB (1785-1828)
sobre su antiguo amante, LORD BYRON

...Y en cuanto a vosotros, hombres, podéis, si así lo deseáis, vivir y ser esclavos.

BOUDICEA (61), anunciando desdeñosamente
su decisión de resistir a los romanos, de conquistar o morir

A un hombre sólo le pido tres cosas: debe ser guapo, implacable y estúpido.

DOROTHY PARKER (1893-1967)

La mente del hombre, lo que haya de ella, siempre tiene la ventaja de ser masculina (igual que el abedul más pequeño es superior al sauce más encumbrado) e incluso su ignorancia es de buena calidad.

GEORGE ELIOT (Mary Ann Evans 1819-90)

Si sucede algo desagradable, los hombres siempre están seguros de cómo salirse de ello...

JANE AUSTEN (1775-1817)

Nunca confíes demasiado en un casado, ni demasiado poco en un soltero.

HELEN ROWLAND (1875-1950)

La gota está muy en mi línea, los caballeros no.

ELIZABETH GARRETT ANDERSON (1836-1917)

Buenos días, caballeros los dos.

> Isabel I (1533-1603) saludando
> a un grupo de dieciocho sastres.

Algo a lo que un soltero nunca acaba de hacerse a la idea es que es una belleza y un niño para siempre.

> Helen Rowland (1875-1950)

Un hombre hecho a sí mismo es el que cree en la suerte y envía a su hijo a Oxford.

> Christina Stead (1902-83), 1938

No existe bobo mayor que el hombre que se considera astuto, ni más sabio que el que sabe que no lo es.

> Margarita de Navarra (Marguerite
> d'Angoulême, reina de Navarra, 1492-1549)

Entre hombres sigues encontrando la siguiente patochada:
Todos piensan que su pequeño fue el fundador del género humano.

> Hannah More (1745-1833)

El mundo no sería ni la mitad de divertido si no fuese por los niños y los hombres, y bajo la piel de ambos no existe la mínima diferencia.

> Ellen Glasgow (1873-1945)

Cuanto más observo a los hombres, más admiro a los perros.

Marie de Rabutin-Chantal, MADAME DE SÉVIGNÉ (1626-96).
(Atribuido también a Jeanne-Marie, MADAME ROLAND [1754-93],
MADAME DE STAËL [1766-1817], y OUIDA [Louise Ramé
o de La Ramé, 1839-1908])

¿Por qué nos oponemos al voto para los hombres?... porque los hombres son demasiado emocionales para votar. Su conducta en los partidos de béisbol y en las convenciones políticas lo demuestra, mientras que su tendencia innata a recurrir a la fuerza les hace particularmente inapropiados para las tareas de gobierno.

ALICE DUER MILLER (1874-1942)

Las locuras de las que el hombre se arrepiente la mayor parte de su vida son aquellas que no cometió cuando tuvo la oportunidad de hacerlo.

HELEN ROWLAND (1875-1950)

Recuerda de lejos a un caballero.

REBECCA WEST (1892-1983)
sobre el novelista Michael Arlen

A lo que más temo es al hombre que se muestra ingenioso el día entero.

Marie de Rabutin-Chantal,
MADAME DE SÉVIGNÉ (1626-96)

El camino hacia el corazón del hombre pasa a través de su estómago.

FANNY FERN (Sara Payson Parton, 1811-72)

La pronta conformidad de Adán con la propuesta de su esposa, no favorece en mucho esa *fortaleza mental* superior de la que los hombres tanto se pavonean.

SARAH MOORE GRIMKÉ (1792-1873)

Dios las hizo
a semejanza del hombre

Hombres y mujeres

¿Por qué las mujeres... resultan mucho más interesantes a los hombres que los hombres a las mujeres?

VIRGINIA WOOLF (1882-1941)

La tarea más dura en la vida de una chica es demostrarle a un hombre que sus intenciones respecto a ella son serias.

HELEN ROWLAND (1875-1950)

La mujer quiere la monogamia;
al hombre le encanta la novedad.

El hombre se lo perdona todo a la mujer, salvo el ingenio de superarle en ingenio.

MINNA ANTRIM (1861-1950)

La habitual desilusión masculina al descubrir que la mujer tiene cerebro.

MARGARET MITCHELL (1900-49)

La mujer quiere la monogamia;
al hombre le encanta la novedad.

DOROTHY PARKER (1893-1967), 1927

Las mujeres deben ser el doble de buenas para obtener la mitad de lo que obtienen los hombres.

AGNES MacPHAIL (1890-1954)

De pasada, también me gustaría decir que la primera vez que Adán tuvo la oportunidad de hacerlo, le echó la culpa a la mujer.

Nancy, lady Astor (1879-1964)

No estoy negando que las mujeres sean tontas: Dios misericordioso las hizo a semejanza de los hombres.

George Eliot (Mary Ann Evans, 1819-90)

El amor es la historia entera en la vida de la mujer, pero sólo un episodio en la del hombre.

Germaine Necker, Madame de Staël (1766-1817)

La historia no me cuenta nada que me resulte vejatorio o pesado; los hombres son completamente inútiles y apenas hay mujeres que lo sean.

Jane Austen (1775-1817)

Las mujeres deben bajarse del pedestal. Los hombres nos ponen allí para apartarnos del camino.

Vizcondesa Hondda (1883-1958), 1920

Hombres estúpidos, eternamente propensos
a echar la culpa a la razón de la mujer,
cuando es simplemente vuestra propia traición
la única causa de las faltas de ella.

Juana Inés de la Cruz (1651-95)

Ser mujer es una delicia; pero todos los hombres dan gracias devotamente al Señor por no ser una de ellas.

Olive Schreiner (1855-1920)

Del mismo modo que el cuerpo de la mujer es más suave que el del hombre, su inteligencia es más aguda.

Christine de Pisan (h.1363-1430)

...Cuando son las mujeres las consejeras, los señores de la creación no siguen el consejo hasta que se han convencido de que es exactamente lo que ellos pretendían hacer; entonces lo ponen en práctica y, en caso de tener éxito, otorgan al barco más débil la mitad de los méritos; si fracasan, le otorgan generosamente la totalidad.

Louisa May Alcott (1832-88)

Amo a los hombres, no porque sean hombres, sino porque no son mujeres.

CRISTINA, REINA DE SUECIA (1626-89)

No diré que las mujeres son mejores que los hombres, pero diré que los hombres no son tan inteligentes como me gustaría que fuesen...

ESTER SOWERMAN (1617)

Una mujer buena inspira al hombre; una mujer brillante le interesa; una mujer bonita le fascina, y una mujer simpática se queda con él.

HELEN ROWLAND (1875-1950)

Tras el tumulto
de la chaise longue

Amor y matrimonio

La mujer desprecia al hombre que la ama, a menos que ella le corresponda en su amor.

Elizabeth Stoddard (1823-1902)

Cuatro son las cosas sin las que estaría mejor:
amor, curiosidad, pecas y dudas.

Dorothy Parker (1893-1967), 1927

Ella observó, con cierta consternación, que lejos de conquistarlo todo, el amor esquivaba perezosamente los problemas prácticos.

Jean Stafford (1915-79)

En cuestiones de corazón, nada es verdad excepto lo improbable.

Germaine Necker, Madame de Staël
(1766-1817)

No creemos en el reuma ni en el amor verdadero hasta después de sufrir el primer ataque.

Marie von Ebner-Eschenbach
(1830-1916)

El amor es una cosa blandengue, además de problemática y aburrida...

Marjory Fleming (1803-11)

Encuentro que no hay nada qué hacer sin un soborno, tanto en el amor como en la ley.

Susannah Centlivre (1669-1723)

El amor nunca muere de hambre, aunque a menudo lo hace por indigestión.

Ninon (Anne) de Lenclos (1620-1705)

Ojalá pudiésemos distinguir el verdadero amor del falso amor, igual que distinguimos los champiñones de las setas venenosas.

Katherine Mansfield (1888-1923)

El amor, el relajador de miembros, me arrastra...

SAFO (siglos VII-VI a.C.)

Recuerda mi máxima inalterable: «Cuando amamos siempre tenemos algo que decir.»

LADY MARY WORTLEY MONTAGU (1689-1762)

No se puede querer de verdad a alguien con quien nunca nos reímos.

AGNES REPPLIER (1858-1950)

Puede que las lágrimas se agoten, pero el corazón... nunca.

MARGUERITE DE VALOIS (1553-1615)

(Nada)... conduce al amor. Es el amor quien se arroja en tu camino. Y entonces, o te lo bloquea para siempre o, si lo abandona, lo deja atormentado y arruinado.

(Sidonie-Gabrielle) COLETTE (1873-1954)

No es la falta de amor lo que hiere mis días,
sino que se fuera en pequeñas oleadas.

EDNA ST VINCENT MILLAY (1892-1950)

Cuando una chica se casa, cambia las atenciones de muchos hombres por la falta de atención de uno solo.

HELEN ROWLAND (1875-1950)

Me casé con alguien de clase inferior. Lo hacen todas las mujeres.

NANCY, LADY ASTOR (1879-1964)

Siempre he considerado la cosa más ridícula del mundo el compromiso positivo de casarse con una determinada persona en un determinado momento, a la buena de Dios.

JANE WELSH CARLYLE (1801-66)

Cualquier mujer inteligente que lea el contrato de matrimonio y luego lo firme, se merece todas las consecuencias.

ISADORA DUNCAN (1878-1927)

El matrimonio es el resultado del deseo de la paz profunda de la cama doble tras el tumulto de la *chaise-longue*.

SEÑORA CAMPBELL (Beatrice Stella)
(1865-1940)

La imaginación de una dama es muy rápida; salta de la admiración al amor, del amor al matrimonio en un instante.

JANE AUSTEN (1775-1817)

La felicidad en el matrimonio es enteramente cuestión de suerte.

JANE AUSTEN (1775-1817)

El matrimonio es una lotería en la que los hombres ponen en juego su libertad y las mujeres su felicidad.

RENÉE DE CHATEAUNEUF-RIEUX
(1550-87)

Y así termina mi primera experiencia con el matrimonio, cuyo rendimiento siempre pensé que había sobrestimado.

ISADORA DUNCAN (1878-1927)

Cuando ves con lo que se casan algunas chicas, te das cuenta de lo mucho que deben odiar tener que trabajar para ganarse la vida.

HELEN ROWLAND (1875-1950)

¡Chicas! ¡Chicas!... jamás desarrollad la reputación de ser inteligentes. Os colocaría fuera del juego del matrimonio con la misma efectividad que si empezara a circular el rumor de que sufrís la lepra.

(Stella Maria Sarah) MILES FRANKLIN (1879-1954)

Las mujeres solteras tienen una pavorosa propensión a ser pobres... lo cual constituye un argumento muy poderoso a favor del matrimonio.

JANE AUSTEN (1775-1817)

Ésta es en parte la razón por la que se casan las mujeres... para mantener viva la ficción de estar en el centro de todas las cosas.

ELIZABETH BOWEN (1899-1973), 1935

El matrimonio, tanto para las mujeres como para los hombres, debería ser un lujo, no una necesidad; un incidente de la vida, no toda ella.

SUSAN BROWNELL ANTHONY (1820-1906)

Un marido es lo que queda de un amante, después de haberle extraído el nervio.

HELEN ROWLAND (1875-1950)

La gente que la gente tiene por amigos
atrae al sentido común,
pero la gente con quien se casa la gente
son los más raros de todos.

CHARLOTTE PERKINS GILMAN (1860-1935)

No se incluyeron divorciadas, exceptuando aquellas que mostraron señales de penitencia al casarse de nuevo con hombres muy ricos.

EDITH WHARTON (1862-1937)

En un matrimonio de éxito no existe el camino de uno solo. Existe sólo el camino de ambos, sólo existe un camino lleno de baches, de polvo, difícil, pero siempre mutuo.

PHYLLIS McGINLEY (1905-78)

El matrimonio es la tumba del ingenio.

MARGARET CAVENDISH, DUQUESA DE NEWCASTLE (h. 1624-74)

Una mujer, por buena que sea, al final debe resignarse a la vida que su marido le crea para ella.

GEORGE ELIOT (Mary Ann Evans, 1819-90)

Para el hombre siempre resulta incomprensible que una mujer puede negarse a una oferta de matrimonio.

JANE AUSTEN (1775-1817); ella misma rechazó ofertas
de matrimonio y, en una ocasión, habiendo incluso
aceptado, cambió de idea a la mañana siguiente

Si no puedes tener a tu querido esposo como consuelo y disfrute, como sustento y como cascarrabias, como sofá, silla o botella de agua caliente, puedes utilizarlo como una Cruz con la que cargar.

STEVIE SMITH (1902-71), 1936

... mis maridos han sido muy desafortunados.

LUCRECIA BORGIA (1480-1519),
después del asesinato de su segundo esposo

En realidad posee todas las cualidades que harían tolerable a un marido: almenas, miradores, establos, etcétera, ni sonrisas ni un ojo de cristal.

GEORGE ELIOT (Mary Ann Evans, 1819-90)

Es una verdad reconocida universalmente que el hombre soltero en posesión de una buena fortuna debe estar necesitado de una esposa.

JANE AUSTEN (1775-1817)

Preguntad a la mitad de las mujeres casadas de la nación cómo se convirtieron en viudas: os dirán que sus amigas las animaron a ello.

FANNY BURNEY (Frances, madame d'Arblay, 1752-1840)

Un matrimonio de verdad no tiene nada que ver con estos matrimonios por interés o ambición. Se trata de dos amantes que viven juntos.

LADY MARY WORTLEY MANTAGU (1689-1762)

Ahora al menos sé dónde está.

REINA ALEJANDRA (1844-1925), después de la muerte
de su esposo, Eduardo VII, en 1910

Habiéndote embarcado en tu viaje matrimonial, es imposible no darte cuenta de que no avanzas y de que el mar no se ve por ningún lado... que, de hecho, estás explorando en un estanque cerrado.

GEORGE ELIOT (Mary Ann Evans, 1819-90)

Matrimonio: un recuerdo del amor.

HELEN ROWLAND (1875-1950)

¿Míos o de otras?

PEGGY GUGGENHEIM (1898-1975),
en respuesta a la pregunta «¿Cuántos maridos ha tenido?»

Preferiría ser mendiga y soltera, que reina y casada... deberían llamar al anillo de boda, anillo de yugo.

ISABEL I (1533-1603)

El estado del matrimonio es una enfermedad peligrosa: en mi opinión, mucho mejor beber.

Marie de Rabutin-Chantal,
MADAME DE SÉVIGNÉ (1626-96)

... Un estado que causa la miseria a tres cuartas partes de la raza humana.

Françoise d'Aubigné, MADAME DE MAINTENON
(1635-1719)

Querido, no te olvides nunca de un pequeño detalle: el negocio es mío, tú sólo trabajas aquí.

ELIZABETH ARDEN (h. 1880-1966),
a su esposo, director de su empresa

Soy más sabia porque lo sé

Amigos y enemigos

Cuatro son las cosas que es prudente conocer:
ociosidad, dolor, un amigo y un enemigo.

DOROTHY PARKER (1893-1967), 1937

Siempre pensé que el mayor y más elevado privilegio, consuelo y
comodidad de la amistad era que no era necesario tener que explicar nada.

KATHERINE MANSFIELD (1888-1923)

«Quédate» es una palabra encantadora en el vocabulario de un
amigo.

LOUISA MAY ALCOTT (1832-88)

El corazón piensa lo que mejor sabe: los sentidos saben que la ausencia borra a las personas. En realidad, no tenemos amigos ausentes.

ELIZABET BOWEN (1899-1973), 1938

Los animales son amigos tan agradables... no preguntan, no critican.

GEORGE ELIOT (Mary Ann Evans, 1819-90)

Los amigos ven los defectos a simple vista, por miopes que sean;
pero con mucha frecuencia precisan cristales de aumento para descubrir las buenas cualidades.

MARGUERITE, LADY BLESSINGTON (1789-1849)

Todo asesino es probablemente antiguo amigo de alguien.

ÁGATHA CHRISTIE (1890-1976), 1920

Cuando ya no nos quedan ni amigos ni enemigos, la vida resulta inútil e insípida.

CRISTINA, REINA DE SUECIA (1626-89)

Las intimidades entre mujeres se vuelven a menudo en su contra, empiezan siendo revelaciones y acaban convertidas en chismorreos, sin que por ello se pierda la estima.

ELIZABETH BOWEN (1899-1973), 1938

La gente desea la muerte a sus enemigos... pero yo no; lo que yo quiero es que sufran gota o piedras.

LADY MARY WORTLEY MONTAGU (1689-1762)

He perdido amigos, algunos porque han fallecido… otros por su absoluta incapacidad para cruzar una calle.

VIRGINIA WOOLF (1882-1941)

Hay momentos en que es imposible levantar una brizna de hierba sin encontrar una serpiente debajo.

MARCELINE DESBORDES-VALMORE (1786-1859)

Sí, los viejos amigos son siempre los mejores, excepto cuando puedes encontrar uno nuevo capaz de desbancar al viejo.

SARAH ORNE JEWETT (1849-1909)

La verdadera amistad nunca es serena.

Marie de Rabutin-Chantal,
MADAME DE SÉVIGNÉ (1626-96)

Trata a tus amigos como tratarías a tus cuadros, y colócalos donde mejor les dé la luz.

LADY RANDOLPH CHURCHILL
(de soltera Jennie Jerome, 1854-1921)

Los negocios, ya lo sabes, pueden dar dinero, pero la amistad casi nunca lo da.

JANE AUSTEN (1775-1817)

❦❦❦❦

Mis verdaderos amigos siempre me han ofrecido esa prueba suprema de devoción, una aversión espontánea hacia el hombre que yo amaba.

(Sidonie-Gabrielle) COLETTE, (1873-1954)

❦❦❦❦

Las amistades se inician con el agrado o la gratitud... raíces que pueden arrancarse.

GEORGE ELIOT (Mary Ann Evans, 1819-90)

Para tener un buen enemigo, elige un amigo; él sabrá dónde atacar.

DIANE DE POITIERS (1499-1566)

Dios nos dio nuestros parientes; gracias a Dios que podemos elegir nuestros amigos.

ETHEL WATTS MUMFORD (1878-1940)

Ese querido pulpo

La familia

Es imposible que un hombre exponga puntos de vista justos y honestos sobre nuestros asuntos si no tiene hijos cuyas vidas puedan estar en juego.

ASPASIA, discurso escrito para Pericles, h. 431 a.C.

La mejor forma de mantener a los hijos en casa es haciendo que la atmósfera del hogar sea agradable y quitándole aire a los neumáticos.

DOROTHY PARKER (1893-1967)

...por los pecados que los hijos cometen al juzgar a sus padres.

LADY CAROLINE LAMB (1785-1828)

No es mala cosa que los hijos, de forma ocasional y con educación, pongan a los padres en su lugar.

(Sidonie-Gabrielle) COLETTE (1873-1954)

La mayoría de las madres piensan que mantener alejados a los jóvenes de hacer el amor basta con no hablar nunca de ello en su presencia.

MARIE-MADELEINE DE LA FAYETTE (1634-93)

Donde más necesaria es la educación, ese cementerio de la amistad y calmante de los enemigos, y donde con mayor frecuencia se pasa por alto, es en los círculos familiares.

MARGUERITE, LADY BLESSINGTON (1789-1849)

La infancia nunca se preocupa por la previsión.

FANNY BURNEY (Frances, madame d'Arblay,
1752-1840)

... hijos, sirvientes, amo, padre, madre, cosas que se consideran bendiciones que a menudo resultan ser todo lo contrario, y las mejores de ellas tienen días en los que uno acaba pensando que podría vivir sin ellas.

MARGARET GODOLPHIN (1652-78)

La familia... ese querido pulpo de cuyos tentáculos nunca podemos escapar.

DODIE SMITH (1896-1990), 1938

No soy la persona por quien me has tomado

El ego

Sé que están más decepcionados que confiados con ellos mismos.

Isabel I (1533-1603)

Te haces mayor el día en que de verdad te ríes por vez primera de ti mismo.

Ethel Barrymore (1879-1959)

A menudo he deseado disponer de tiempo para cultivar la modestia... pero estoy demasiado ocupada pensando en mí misma.

Edith Sitwell (1887-1964), 1950

... No pienso tumbarme y permitir que los problemas me pisoteen.

Ellen Glasglow (1873-1945)

Hay algunos secretos que ni tan siquiera nos revelamos a nosotros mismos.

Jane West (1758-1852)

Mi vigor, vitalidad y descaro me repelen. Soy el tipo de mujer del que saldría huyendo.

Nancy, lady Astor (1879-1964)

Nunca tengo miedo de lo que sé.

ANNA SEWELL (1820-78)

A quien quiera que haga bien es quien más daño me hace.

SAFO (siglos VII-VI a.C.)

Cuánto tendemos a culpar a los demás, cuando los únicos culpables somos nosotros.

MARGUERITE, LADY BLESSINGTON (1789-1849)

Los judíos han dado sólo tres genios principales: Cristo, Spinoza y yo misma.

GERTRUDE STEIN (1874-1946)

La verdadera educación debería educar nuestro ego hacia algo mucho mejor; en un desinterés que nos vincule con toda la humanidad.

NANCY, LADY ASTOR (1879-1964)

Tengo el don de hacer rabiar a la gente, pero si algún día llego a aburrirte, será con un cuchillo.

LOUISE BROOKS (1906-85)

No soy en absoluto el tipo de persona por quien me has tomado.

JANE WELSH CARLYLE (1801-66)

«Conócete a ti mismo» es un consejo de lo más superfluo. No podemos evitarlo. Lo único que podemos esperar es que nadie más nos conozca.

IVY COMPTON-BURNETT (1884-1969), 1939

Tener la valentía de tus excesos... encontrar el límite de ti mismo.

KATHERINE MANSFIELD (1888-1923)

Veo que la señora tiene genio para gobernar, mientras que yo tengo genio para no ser gobernada.

JANE WELSH CARLYLE (1801-66)

A veces me doy consejos admirables, pero soy incapaz de seguirlos.

LADY MARY WORTLEY MONTAGU (1689-1762)

... todo me parece insoportable. Quizá sea porque yo misma soy insoportable.

MARIE-ANNE, MARQUESA DU DEFFAND (1697-1780)

Soy una de las personas a las que les encanta el porqué de las cosas.

CATALINA LA GRANDE, EMPERATRIZ DE RUSIA (1729-96)

Siempre que me explayo durante un cierto tiempo en mis propios defectos, empiezan gradualmente a parecerme suaves, inocuos, pequeñas cosas, nada que ver con los llamativos defectos que muestran los caracteres de los demás.

MARGARET HALSEY (1910-97), 1938

Nunca es demasiado tarde para ser quien deberías haber sido.

GEORGE ELIOT (Mary Ann Evans, 1819-90)

Las personas son sólo humanos

La naturaleza humana

Bien, naturalmente, las personas son sólo seres humanos... Pero no les parece que sea mucho.

IVY COMPTON-BURNETT (1884-1969), 1939

Con sólo que dejásemos de intentar ser felices, nos lo pasaríamos bastante bien.

EDITH WHARTON (1862-1937)

Somos tan vanidosos que nos importa incluso la opinión de aquellos que no nos importan.

MARIE VON EBNER-ESCHENBACH (1830-1916)

La gente siempre está dispuesta a seguir un consejo cuando coincide con sus propios deseos...

MARGUERITE, LADY BLESSINGTON (1789-1849)

Resulta inútil decir que los seres humanos deberían sentirse satisfechos con la tranquilidad; necesitan acción, y la crearán sino pueden encontrarla.

GEORGE ELIOT (MARY ANN EVANS, 1819-90)

La ciencia puede haber encontrado la cura para la mayoría de los males; pero no ha encontrado remedio para el peor de todos: la apatía de los seres humanos.

HELEN KELLER (1880-1968)

En esta tierra existen únicamente dos clases distintas de personas: los que despiden entusiasmo y los que lo desprecian.

Germaine Necker, madame de Staël
(1766-1817)

Hay personas moldeadas por sus admiraciones, otras por sus hostilidades.

Elizabeth Bowen (1899-1973), 1938

Resulta natural evitar a aquellos para con quienes tenemos demasiadas obligaciones... la generosidad fuera de lo común provoca negligencia más que ingratitud.

Eloisa (h. 1098-1164)

Alguien, en algún lado, ha comentado el hecho de que millones de personas que ansían la inmortalidad no saben qué hacer ni con ellos mismos una tarde lluviosa de domingo.

Susan Hertz (1894-1985), 1943

Me deleita de gran manera la locura del género humano; y, loado sea Dios, es una fuente inagotable de entretenimiento.

Lady Mary Wortley Montagu
(1689-1762)

Basta para que sea placentera
que la vida fluya como una canción;
pero el hombre que merece la pena es aquel que sonríe
cuando todo va tremendamente mal.

ELLA WHEELER WILCOX (1855-1919)

...la gente que no se mete en apuros es muchísimo menos interesante que la que lo hace.

MURASAKI SHIKIBU (974-?1031)

La mitad del mundo es incapaz de comprender los placeres de la otra mitad.

JANE AUSTEN (1775-1817)

El corazón humano esconde tesoros,
secretamente guardados, sellados por el silencio.

CHARLOTTE BRONTË (1816-55)

Un progreso en espiral

Sabiduría y aprendizaje

La mente humana siempre progresa, pero es un progreso en espiral.

Germaine Necker, MADAME DE STAËL (1766-1817)

El genio es el oro de la mina; el talento es el minero que trabaja y lo saca a la luz.

MARGUERITE, LADY BLESSINGTON (1780-1849)

Convertirse en un genio requiere mucho tiempo, tienes que estar sentado sin hacer nada, realmente nada.

GERTRUDE STEIN (1874-1946)

Nadie puede llegar siendo únicamente talentoso. Dios da el talento, el trabajo transforma el talento en genio.

ANNA PAVLOVA (1881-1931)

El genio, encerrado en una celda o paseando por todos lados, es siempre solitario.

GEORGE SAND (Amandine-Aurore Lucille Dupin,
baronesa Dudevant, 1804-76)

La mayoría de las mentes están tan controladas por la fuerza de la razón como el pudin de ciruelas sujetado con unas pinzas afiladas.

GEORGE ELIOT (Mary Ann Evans, 1819-90)

El verdadero conocimiento consiste en saber cosas, no palabras.

LADY MARY WORTLEY MONTAGU (1689-1762)

Lo que aflige a la raza humana no es tanto la depravación como una falta general de inteligencia.

AGNES REPPLIER (1858-1950)

¿Desde cuándo se ha considerado respetables a los genios?

ELIZABETH BARRETT BROWNING (1806-61)

La mayoría de chicas bonitas y tontas se consideran inteligentes y siguen creyéndoselo, porque los demás, en general, no es que sean mucho más inteligentes.

LOUISE BROOKS (1906-85)

Un exceso de rigidez, por parte de los maestros, debería ir seguido por un espíritu enérgico de insubordinación por parte de los alumnos.

AGNES REPPLIER (1858-1950)

Brilla tanto el latón para el ignorante como el oro para el orfebre.

ISABEL I (1533-1603)

¿Enseñarle a pensar por sí mismo? ¡Oh, Dios mío, mejor enseñarle a pensar como los demás!

MARY SHELLEY (1797-1851)
sobre la educación de su hijo

Si supieras el poco ingenio que gobierna este malvado universo.

APHRA BEHN (1640-89)

Las personas no están nunca tan cerca de hacer el tonto como cuando se consideran sabias.

LADY MARY WORTLEY MONTAGU (1689-1762)

Todos nuestros talentos aumentan con el uso, y todas las facultades, tanto buenas como malas, se refuerzan mediante el ejercicio.

ANNE BRONTË (1820-49)

Es bien sabido que los prejuicios son lo más difícil de erradicar del corazón de aquellos cuyo terreno no se ha visto nunca aplanado o fertilizado por la educación; crecen allí, firmes como las malas hierbas entre las rocas.

CHARLOTTE BRONTË (1816-55)

Mejor construir aulas para el niño,
que cárceles y horcas para el hombre.

ELIZA COOK (1818-89)

La ciencia puede llevarnos a Marte, pero dejará la tierra más poblada que nunca de ineptos.

AGNES REPPLIER (1858-1950)

A la gente le lleva mucho tiempo aprender a distinguir la diferencia entre talento y genio, especialmente a los hombres y mujeres jóvenes.

LOUISE MAY ALCOTT (1832-88)

La misma maldita cosa
una y otra vez

La vida

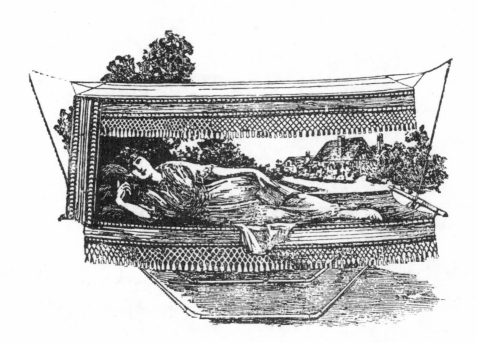

La vida es siempre o una cuerda floja o un lecho de plumas. Dadme la cuerda floja.

EDITH WHARTON (1862-1937)

No es cierto que la vida sea una maldita cosa después de otra... es la misma maldita cosa una y otra vez.

EDNA ST VINCENT MILLAY (1892-1950)

La vida me parece demasiado corta como para dedicarla a alentar la animosidad o a certificar lo equivocado.

CHARLOTTE BRONTË (1816-55)

Lo que me gusta del ruido es que camufla la vida.

Germaine Necker, MADAME DE STAËL (1766-1817)

Tarde o temprano todos descubriremos que los momentos importantes de la vida no son los públicos, ni los cumpleaños, las graduaciones, las bodas, ni los grandes objetivos alcanzados. Los verdaderos hitos son menos atractivos. Llegan a las puertas de la memoria sin anunciarse, perros extraviados que pasean despacio, olisquean un poco y, simplemente, nunca se van. Nuestras vidas están medidas por ellos.

SUSAN BROWNELL ANTHONY (1820-1906)

He aprendido a vivir cada día según se presente y a no preocuparme pensando en mañana. Es la oscura amenaza del futuro la que nos hace a todos cobardes.

DOROTHY DIX (1870-1951)

La forma más segura de conseguir alguna cosa en esta vida es estar preparado a sobrevivir sin ella, excluir incluso la esperanza.

JANE WELSH CARLYLE (1801-66)

Tan pronto como la vida se hace soportable, dejamos de analizarla… los días tranquilos se estropean en cuanto se examinan.

GEORGE SAND (Amandine-Aurore Lucille Dupin, baronesa Dudevant, 1804-76)

La valentía es el precio que la vida exige para garantizar la paz.

AMELIA EARHART (1898-1937)

La vida está tan construida, que el acontecimiento no puede encajar con las expectativas.

CHARLOTTE BRONTË (1816-55)

En la vida no se ha de temer a nada. Sólo es necesario comprenderlo.

MARIE CURIE (1867-1934)

Me dormí, soñé que la vida era bella
me desperté... y encontré que la vida eran obligaciones.

ELLEN STURGIS HOOPER (1816-41)

La vida es para vivirla y la curiosidad debe mantenerse viva. Nunca, por la razón que sea, debe volverse la espalda a la vida.

ELEANOR ROOSEVELT (1884-1962)

Vivir es tan sorprendente que deja poco tiempo para cualquier otra cosa.

EMILY DICKINSON (1830-86)

Al emperador
no le sirve de nada

La filosofía

No hay idea tan anticuada que no fuera moderna en su día. No hay idea tan moderna que no acabe siendo anticuada algún día.

ELLEN GLASGOW (1873-1945)

Mi definición es la de un hombre montado en un globo, con su familia y amigos sujetando las cuerdas que le unen a la tierra e intentando arriarle.

LOUISA MAY ALCOTT (1832-88)
sobre cómo ve a un filósofo

Una manera de hacerse una idea de las miserias de nuestros compañeros compatriotas es ir y observar sus placeres.

GEORGE ELIOT (Mary Ann Evans, 1819-90)

El que influye en el pensamiento de su época, influye en el de todos los tiempos venideros. Ha grabado su huella en la eternidad.

HIPATIA (h. 370-415)

Nada de filosofía, hijo mío; al emperador no le sirve de nada.

AGRIPINA LA JOVEN (15 a.C.-59),
aconsejando a Nerón

El tonto engulle placer, y luego se queja de indigestión moral.

MINNA ANTRIM (1861-1950)

Nada es tan bueno como parece de antemano.

GEORGE ELIOT (Mary Ann Evans, 1819-90)

El vacío sólo puede existir, me imagino, para las cosas que lo encierran.

ZELDA FITZGERALD (1900-48)

En este mundo imperfecto siempre hay un «pero».

ANNE BRONTË (1820-49)

Cuando se cierra una puerta a la felicidad, se abre otra; pero a menudo nos quedamos tanto tiempo mirando la puerta cerrada que no vemos la que se nos ha abierto.

HELEN KELLER (1880-1968)

Los que ven a su alrededor únicamente lo que desean ver, son muy afortunados.

MARIE BASHKIRTSEFF (1860-84)

No podemos dar nada por sentado, más allá de la primera fórmula matemática. Todo lo demás es cuestionable.

MARIA MITCHELL (1818-89)

Todos los pecados son intentos de llenar vacíos.

SIMONE WEIL (1909-43)

Existen dos maneras de iluminar: ser la vela, o el espejo que la refleja.

EDITH WHARTON (1862-1937)

Ningún hombre elige el mal porque sea el mal; simplemente lo confunde con la felicidad, el bien que busca.

MARY WOLLSTONESRAFT GODWIN (1759-97)

La experiencia es una buena maestra, pero pasa unas facturas terribles.

MINNA ANTRIM (1861-1950)

Evito mirar hacia delante o hacia atrás, e intento mirar hacia arriba.

CHARLOTTE BRONTË (1816-55)

Considerando lo peligroso que es todo, nada me asusta.

GERTRUDE STEIN (1874-1946)

Así que este caballero dijo a una chica con cerebro que debería hacer algo con él además de pensar.

ANITA LOOS (1893-1981), 1925

Aprovecho al máximo todo lo que llega y al mínimo todo lo que se va.

SARA TEASDALE (1884-1933)

¿Por qué no agarrar el placer todo de una vez? ¡Cuántas veces la felicidad queda destruida debido a los preparativos, a la locura de los preparativos!

JANE AUSTEN (1775-1817)

Ensilla tus sueños antes de montarlos.

MARY WEBB (1881-1927)

El tiempo, ese borrador omnipotente de las pasiones eternas...

Marguerite, lady Blessington
(1789-1849)

A veces es mejor pasar por encima de los pensamientos que ir al fondo de los mismos.

Marie de Rabutin-Chantal,
Madame de Sévigné (1626-96)

Evitar el peligro no es a la larga más seguro que exponerse directamente a él. A los miedosos les pillan con la misma frecuencia que a los audaces.

Helen Keller (1880-1968)

Cuando uno se ve amenazado por una gran injusticia, acepta una menor como un favor.

Jane Welsh Carlyle (1801-66)

Ninguna buena acción queda sin castigo.

Clare Boothe Luce (1903-87)

La belleza del mundo, que tan pronto perecerá, tiene dos filos, uno de alegría, otro de angustia, que parten el corazón en dos.

Virginia Woolf (1882-1941)

Como los impuestos

Sobre la muerte
y las últimas palabras

Mientras somos jóvenes, la idea de la muerte o del fracaso nos resulta intolerable; no podemos ni tan siquiera soportar la posibilidad del ridículo.

ISAK DINESEN (Karen Blixen, 1885-1962), 1934

Siento horror hacia la muerte; los muertos se olvidan pronto. Pero cuando yo muera, tendrán que recordarme.

EMILY DICKINSON (1830-86)

Las cuchillas duelen;
Los ríos empapan;
Los ácidos manchan;
Y las drogas provocan calambres.
Las armas son ilegales;
Las sogas aprietan;
El gas huele fatal;
Mejor entonces vivir.

DOROTHY PARKER (1893-1967), 1937

Sé de un veneno que podría beber;
He pensado a menudo en probarlo;
Pero Madre lo compró para la colada
Y sería un desperdicio beberlo.

EDNA ST VINCENT MILLAY (1892-1950)

La decapitación tiene algo tremendamente decisivo.

AGNES SMEDLEY (?1894-1950)

Querido: la gente junto con la que apareceremos muertos.

REBECCA WEST (1892-1983), telegrama a Noël Coward
al saber que ambos aparecían en la lista negra de los nazis.

¡Muerte, impuestos y nacimientos! Nunca se encuentra el momento adecuado para ninguno de ellos.

MARGARET MITCHELL (1900-49)

Nos encontramos... al doctor Hall tan apesadumbrado que o bien su madre, o su esposa o él mismo debían de haber muerto.

JANE AUSTEN (1775-1817)

La materia y la muerte son ilusiones mortales.

MARY BAKER EDDY (1821-1910), ella misma
presumiblemente una ilusión mortal

La infancia es el reino donde nadie muere.

EDNA ST VINCENT MILLAY (1892-1950)

Monsieur, le pido perdón. No lo he hecho a propósito.

MARIE-ANTOINETTE, reina consorte de Francia
(Josèphe Jeanne Marie-Antoinette, 1755-93),
al tropezar con el pie del verdugo camino de la guillotina

¡Suéltame! ¡Suéltame!

CLARA BARTON (1821-1912)

Qué imperiosos nos tornamos cuando no queda tiempo para cortesías.

JEANNE-LOUISE-HENRIETTE CAMPAN (1752-1822),
que acababa de darle una orden a un criado

¡Sé valiente, Charlotte, sé valiente!

ANNE BRONTË (1820-49)

Bella.

ELIZABETH BARRETT BROWNING (1806-61),
cuando le preguntaron cómo se encontraba

¡Ah, Dios mío, estoy muerta!

> CATALINA DE MÉDICIS, reina consorte de Francia
> (1519-89), anticipándose un poco a los acontecimientos

Sólo la muerte.

> JANE AUSTEN (1775-1817),
> cuando se le preguntó qué quería

Sí, la verdad es que hace un tiempo terrible para un viaje tan largo como el que tengo ante mí.

> MARIA TERESA DE AUSTRIA,
> reina consorte de Francia (1638-83)

Oh, llegará esa paz. ¡Bertie!

> REINA VICTORIA (1819-1901), que había estado
> esperando ver a su amado Alberto

Será agradable.

> MARY WEBB (1881-1927), que pidió a todo el mundo
> que se reuniera para tomar el té aquella tarde

Usted primero. Como mínimo le ahorraré el dolor de ver salir mi sangre a borbotones.

JEANNE-MARIE, MADAME ROLAND (1754-93), ella también
una revolucionaria, dirigiéndose a un hombre asustado,
ambos a punto de ser guillotinados por los jacobinos

Voy a ver al doctor Caldwell para una de mis visitas regulares.

JEANNE EAGELS (?-1929)

Hoy me siento mejor, pero si deseas otra buena velada con tu vieja amiga, no hay tiempo que perder.

MARY RUSSELL MITFORD (1787-1855)

No veo motivo alguno para perpetuar la existencia de Harriet Martineau.

HARRIET MARTINEAU (1802-76)

Preparadme el traje de Cisne.

ANNA PAVLOVA (1881-1931)

Todo ha sido muy interesante.

LADY MARY WORTLEY MONTAGU (1689-1762)

¿No es meningitis?

LOUISA MAY ALCOTT (1832-88)

Como los impuestos.

ELISA BONAPARTE (1777-1820),
hermana de Napoleón (finalizando el comentario:
«Nada es tan seguro como la muerte...»)